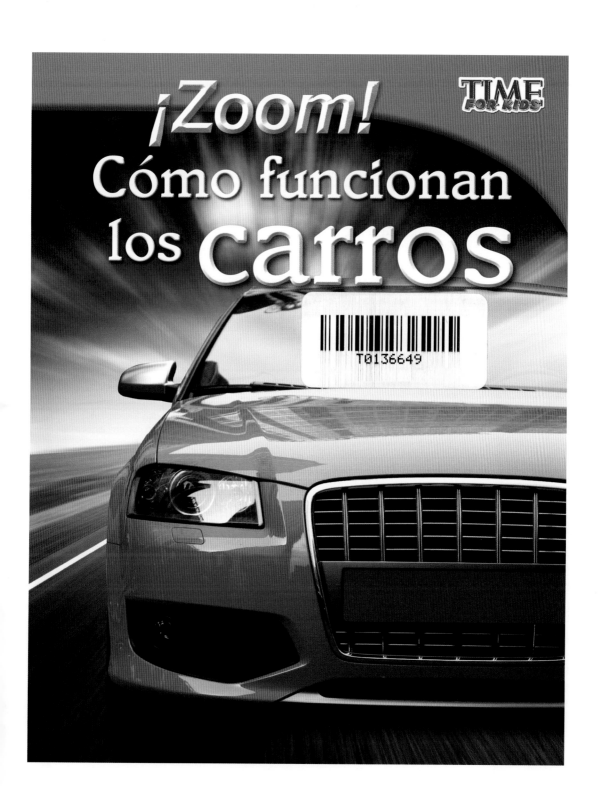

¡Zoom!
Cómo funcionan los carros

Jennifer Prior

Asesor

Timothy Rasinski, Ph.D.
Kent State University

Alan J. Cross
Automotive Engineer

Créditos

Dona Herweck Rice, *Gerente de redacción*

Lee Aucoin, *Directora creativa*

Robin Erickson, *Diseñadora*

Conni Medina, M.A.Ed., *Directora editorial*

Stephanie Reid, *Editora de fotos*

Rachelle Cracchiolo, M.S.Ed., *Editora comercial*

Basado en los escritos de *TIME For Kids*.

TIME For Kids y el logotipo de *TIME For Kids* son marcas registradas de TIME Inc. Usado bajo licencia.

Teacher Created Materials

5301 Oceanus Drive
Huntington Beach, CA 92649-1030
http://www.tcmpub.com
ISBN 978-1-4333-4472-5
© 2012 Teacher Created Materials, Inc.
Printed in Malaysia.THU001.48806

Tabla de contenido

Autos, autos por todas partes

Carros rápidos, veloces, carros que se mueven lento.

Carros grandes y pequeños, carros siempre en movimiento.

Carros que suenan ruidosos, o no hacen ruido al andar.

Si quieres ir a un destino, ¡en carro vas a llegar!

Carro y *auto* son otros nombres para *automóvil*.

Imagina lo que sería la vida sin automóviles. ¿Cuánto tardarías en caminar al mercado? ¿Cómo llevarías la compra a casa? ¿A qué distancia está el cine? ¿Qué tan lejos está el centro comercial?

Los automóviles nos facilitan la vida. Nos mantienen secos y calientes cuando viajamos en una tormenta.

Además, podemos recorrer grandes distancias en poco tiempo.

¿A cuántos lugares has ido esta semana en automóvil?

Historia del automóvil

En 1769, Nicolás Cugnot construyó un tractor para el ejército francés. Utilizaba vapor para impulsarse. Tenía tres ruedas y apenas superaba dos millas por hora.

Entre 1832 y 1839, el escocés Robert Anderson construyó el primer **vehículo** eléctrico. A fines del siglo XIX y principio del siglo XX se construyeron más y mejores vehículos eléctricos. Un vehículo eléctrico construido en 1902 podía viajar a catorce millas por hora.

Pero los vehículos eléctricos no podían llegar muy lejos. En 1876, Nicolaus Otto inventó un motor de **gasolina** que sí podía. En 1885, Gottlieb Daimler perfeccionó ese motor. Después, Henry Ford logró que los autos con motor de gasolina se convirtieran en el automóvil del futuro.

▼ vehículo de vapor de Cugnot

El Modelo T

En 1908, Henry Ford construyó un automóvil llamado Modelo T. Los Modelo T se fabricaban uno a la vez, así que la producción era muy lenta y costaban mucho dinero. Entonces, Ford ideó una manera distinta de fabricarlos. Creó la **línea de montaje**. Esto significa que el auto es fabricado en una línea donde trabajan varias personas. Cada persona tiene una tarea diferente. También, hizo que las piezas de todos los automóviles fueran del mismo tamaño y forma, para que las de un auto pudieran usarse en otro. Los automóviles podían producirse más rápido y se ahorraba dinero. Con las líneas de montaje, un Modelo T costaba menos de 300 dólares.

▼ trabajadores añadiendo las ruedas a un automóvil

Henry Ford intentó varias veces fabricar el automóvil ideal. Fabricó el Modelo A, el Modelo B, el Modelo C, etcétera. Ford dijo, "El fracaso no es más que la oportunidad de comenzar de nuevo con mayor inteligencia." Finalmente, fabricó el Modelo T.

¿Has visto un **carruaje** tirado por un caballo? Más o menos ése era el aspecto del Modelo T. El Modelo T **deportivo abierto** tenía capacidad para dos personas. No tenía techo ni puertas. Al Modelo T **cupé** se le añadieron puertas y techo. El **sedán de lujo** era parecido, pero contaba además con asiento trasero. Todos estos automóviles se vendían sin parabrisas ni faros. La gente tenía que pagar extra para que se los añadieran.

Carruaje sin caballos

Antes de los automóviles, existían los carruajes tirados por caballos. Cuando se fabricaron los primeros autos, las personas los llamaban **carruajes sin caballos**.

Henry Ford (1863–1947) dijo, "El trabajo más difícil es pensar." ▼

Siempre y cuando sea negro

Se afirma que Henry Ford dijo que un cliente podía obtener un auto en el color que deseara, "siempre y cuando sea negro." Al principio, Ford sólo fabricó automóviles negros. Más adelante se ofreció la opción de otros colores.

▲ Modelo T, 1908

A principios del siglo XX, pocas personas soñaban con tener un automóvil. Costaban mucho y no había caminos suficientes. Sin embargo, gracias a Henry Ford, cada vez más personas pudieron comprar autos. La vida cambió para siempre. Se construyeron caminos para unir las ciudades. Los automóviles podían viajar con facilidad de un lugar a otro.

Una familia va de paseo en la década de 1920. ▼

un carro de
la década de 1940 ▶

camioneta de la
década de 1950 ▼

Automóvil

La palabra *automóvil* está formada por dos vocablos: *auto* y *móvil*. *Auto* significa solo. *Móvil* significa moverse. Por lo tanto, automóvil significa "moverse solo." No necesita caballos para moverse, pero sí necesita combustible.

Cómo funciona el motor de un automóvil

¿Cómo funciona el motor de un automóvil? Cuando giras la llave, el motor arranca. Un motor a gasolina quema una mezcla de gasolina y aire. Este tipo de motor se conoce como **motor de combustión interna**. Cada minuto hay cientos de pequeñas explosiones en el interior. Las explosiones generan energía. La energía hace que **giren** las piezas internas del motor y esto, a su vez, hace que el auto se mueva.

▼ Los motores de combustión interna necesitan gasolina para funcionar.

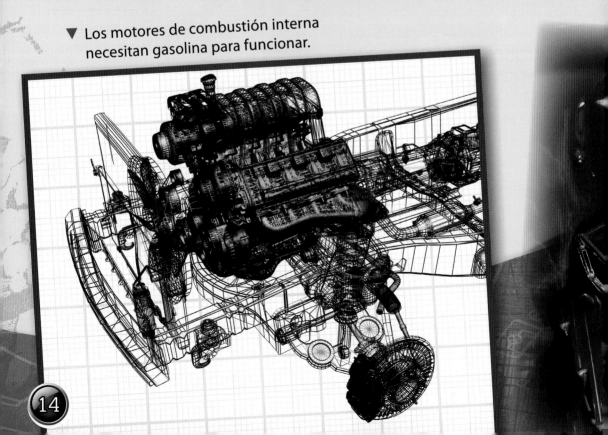

Lleno, por favor

En los Estados Unidos, acostumbran decirle *gas* a la gasolina. La gasolina se obtiene del **petróleo**. En otros países la llaman *nafta*.

motor de combustión interna ▼ ▶

La combustión

El **pistón** está en el cilindro. Al accionar el motor de la marcha, el pistón comienza a moverse. Cuando termina el ciclo, se repite miles de veces. En un auto de carreras, el ciclo sucede hasta 9,000 veces por minuto.

Dentro de un motor de combustión

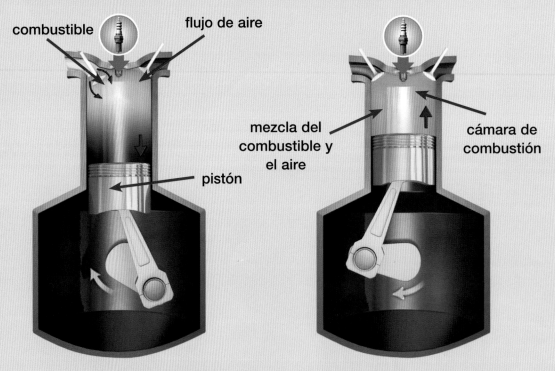

combustible

flujo de aire

mezcla del combustible y el aire

pistón

cámara de combustión

1. Al bajar, permite que el motor succione una mezcla de aire y una pequeña gota de combustible (gasolina) por la válvula de admisión.

2. Luego el pistón sube y la mezcla de aire y combustible se **comprime** en la cámara de combustión.

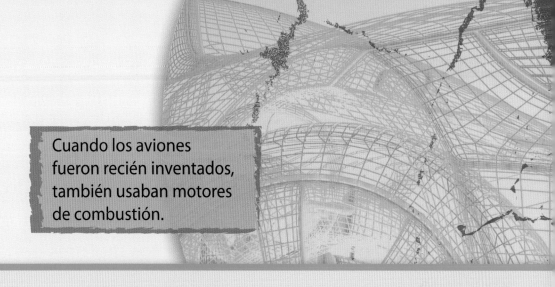

Cuando los aviones fueron recién inventados, también usaban motores de combustión.

bujía

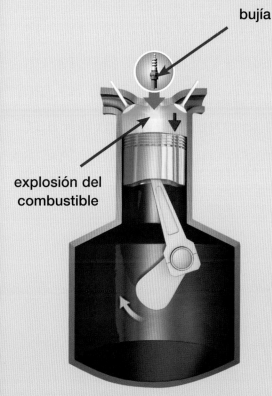

explosión del combustible

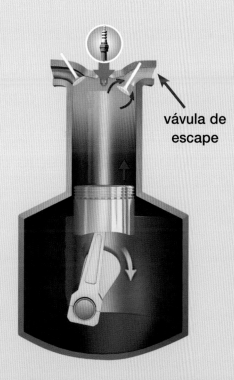

vávula de escape

3. Después, la bujía genera una chispa para encender el combustible. Ocurre una explosión y el pistón es empujado hacia abajo.

4. Por último, se abre la válvula de escape, las **emisiones** son expulsadas de la cámara y salen por el tubo de escape del automóvil.

Contaminación

Un motor produce emisiones al funcionar. Los gases de las emisiones son **tóxicos** y es malo para la salud inhalarlos. Con tantos automóviles en el mundo, la contaminación es un problema. ¿Has visto el esmog? Gran parte del esmog es causado por los motores de los autos.

La gente se preocupa por la calidad del aire. El aire contaminado es malo para los seres vivos. Por esta razón, el gobierno ha creado reglas para proteger el aire. Se han fabricado motores que reducen la contaminación del aire. Se ha producido combustible que se quema mejor. Así se mantiene más limpio el aire.

Los motores de los automóviles causan contaminación. ▶

Motores limpios

Hoy en día se desarrollan diversos tipos de motores limpios. Los motores eléctricos actuales pueden llegar mucho más lejos que en el pasado. Los motores de gas natural queman el combustible de forma más limpia que los motores de gasolina usados en la actualidad. Las pilas de combustible de **hidrógeno** convierten el gas hidrógeno en electricidad sin quemarlo, de manera que el único residuo es agua. Así, no hay contaminación.

▲ En algunas ciudades hay tanta contaminación que la gente lleva máscaras.

▼ automóvil con motor eléctrico

electric drive

Seguridad automovilística

Conducir puede ser peligroso. Un conductor necesita un permiso o licencia para conducir y debe obedecer las reglas viales.

Además, debe estar atento a los **peligros** del camino. A veces hay rocas en las carreteras. Otras veces, hay trabajos de reparación. También los niños corren a las calles. El mal clima también puede ocasionar problemas.

Frenos de disco

Los carros viajan a velocidades altas. Para asegurarse de que paren sin peligro, la mayoría de los carros tienen frenos de disco. El "zapato" rojo sujeta con abrazaderas al disco detrás de la rueda y la para usando la fuerza de fricción.

Seguridad en la nieve

Durante el invierno, los conductores necesitan cadenas o ruedas para la nieve. Estas ruedas tienen una profunda ranura que hace más fácil manejar por la nieve. Algunos conductores prefieren atar cadenas a las ruedas. Esto ayuda a mantener el carro seguro cuando se maneja por nieve o hielo.

Un conductor debe ser precavido y conducir con lentitud en mal clima. ▼

La mayoría de los automóviles modernos están construidos para ser más seguros. Por ejemplo, las **bolsas de aire** protegen a las personas dentro del auto. Los **frenos antibloqueo** ayudan a los autos a detenerse en forma segura.

Es bueno contar con un medio que nos permita ir fácilmente de un lugar a otro. Sin embargo, es importante llegar seguros a nuestro destino.

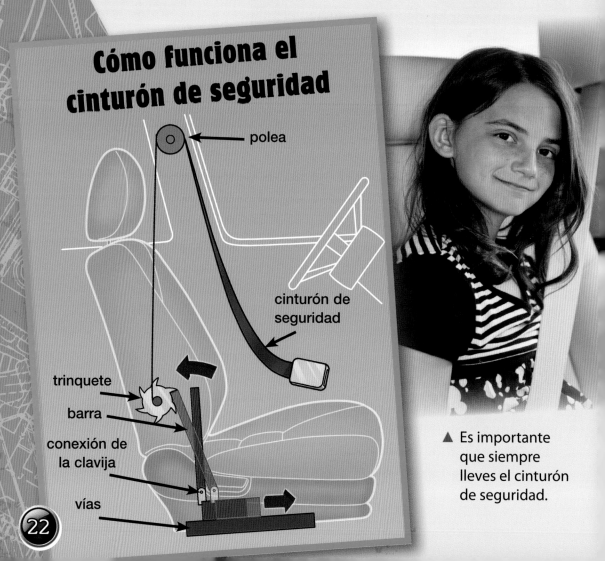

Cómo funciona el cinturón de seguridad

polea

cinturón de seguridad

trinquete

barra

conexión de la clavija

vías

▲ Es importante que siempre lleves el cinturón de seguridad.

En un accidente,
las bolsas de aire
pueden inflarse. ▼

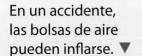

Cómo funcionan las bolsas de aire

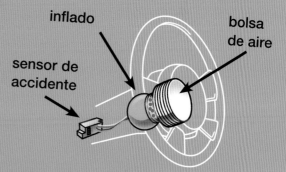

inflado

bolsa
de aire

sensor de
accidente

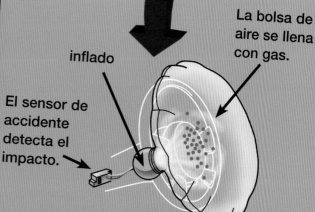

La bolsa de
aire se llena
con gas.

inflado

El sensor de
accidente
detecta el
impacto.

Hoy en día y el futuro

Los automóviles han cambiado la vida de las personas. Mucha gente tiene empleos que dependen de los autos. Algunas personas fabrican automóviles. Otras los reparan.

Muchas personas usan autos para llegar a su trabajo. Los utilizan para ir de compras, visitar a parientes y amigos y para viajar. Incluso tenemos restaurantes con servicio en el automóvil y autocinemas.

un restaurante de
auto servicio ▶

autocinema ▼

The Drive-In is Your
Best Movie
VALUE

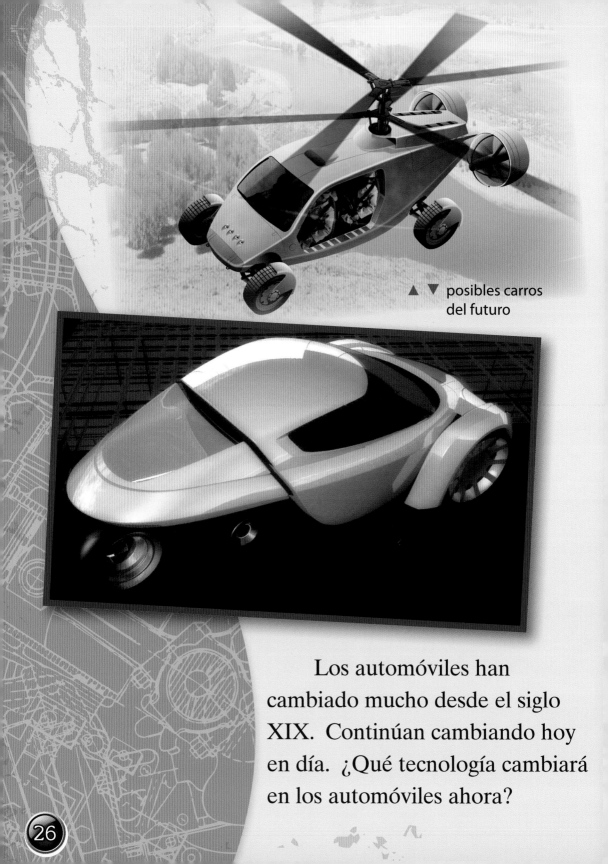

▲ ▼ posibles carros del futuro

Los automóviles han cambiado mucho desde el siglo XIX. Continúan cambiando hoy en día. ¿Qué tecnología cambiará en los automóviles ahora?

Glosario

bolsa de aire—bolsa inflada con gas, que protege al conductor y a los pasajeros al inflarse en un accidente

carruaje—carro, usualmente tirado por caballos, que transporta personas

carruaje sin caballos—carruaje impulsado por una fuerza distinta a los caballos, como vapor, electricidad o gasolina

comprimir—someter a presión, usualmente para que ocupe un espacio menor

cupé—vehículo cerrado, de dos puertas

deportivo abierto—automóvil pequeño, abierto, que en la parte delantera tiene un asiento para dos o tres personas y en la parte trasera un asiento que se abre o un compartimiento para equipaje

emisiones—gases tóxicos que un automóvil emite al aire como resultado de las pequeñas explosiones del combustible del automóvil

frenos antibloqueo—frenos de automóvil que no se bloquean en las carreteras resbalosas, para evitar que el automóvil patine y pierda el control

gasolina—combustible necesario para muchos carros

girar—dar vueltas en círculo

hidrógeno—gas incoloro que arde con facilidad; es el más ligero de todos los gases y el elemento más abundante en el universo

línea de montaje—forma de producir automóviles y otros artículos, en la cual las tareas se dividen entre varias personas, cada una de las cuales realiza el mismo trabajo en cada automóvil (o artículo) que pasa por la línea de producción

motor de combustión interna—motor que convierte la fuerza de una explosión en un movimiento giratorio (que da vueltas)

peligros—riesgos

petróleo—una sustancia oleaginosa de la que hacen la gasolina

pistón—una pieza metálica usada para crear combustión

sedán de lujo—sedán grande, de cuatro puertas, casi una limusina

tóxico—venenoso; nocivo para los seres vivos

vehículo—transporta personas, animales o cosas, sobre todo por tierra

Índice